le lapin nain

Ouvrage publié pour la première fois en Allemagne en 1998
par Weltbild Verlag GmbH, Augsburg, Allemagne, sous le titre *Zwerg-kaninchen.*

Pour l'édition française :
Traduction et adaptation : Stéphanie Alglave
PAO : Nathalie Lachaud, Francis Rossignol
Photogravure : Stéphanie Henry, Chantal Mialon

L'éditeur remercie particulièrement le Dr Beate Ralston
pour son aide précieuse.

ISBN : 978-2-84416-567-1
Numéro d'éditeur : 84416
Dépôt légal : juillet 2008
Achevé d'imprimer : juin 2008
Imprimé en Slovaquie par Polygraf Print GmbH, Presov

le lapin nain

Beate Ralston
Achim Meyer-Breckwoldt

ARTÉMIS ÉDITIONS

Sommaire

Comprendre le lapin nain 50

L'essentiel en un clin d'œil

À la rencontre du lapin nain

Les Romains élevaient déjà des lapins à demi sauvages dans ce qu'ils appelaient des leporariæ. *Les spécimens nains que l'on trouve aujourd'hui sont apparus à la fin du* XIX*e* *siècle et enchantent petits et grands.*

Comment ne pas craquer pour une famille comme celle-ci !

Origine et provenance

Le lapin *(Oryctolagus cuniculus)* ainsi que le lièvre *(Lepus europaeus)* sont des lagomorphes et non des rongeurs, comme on le croit souvent, à tort. Contrairement à celles des rongeurs, leurs pattes antérieures ne peuvent servir d'outils de préhension et leur mâchoire, lorsqu'ils mastiquent, se déplace latéralement et non d'avant en arrière. Les Lagomorphes possèdent derrière leurs incisives supérieures une seconde paire d'incisives plus petites, qui sont absentes chez les rongeurs.

On connaît le lapin sauvage depuis environ 3 000 ans. Il

Jeunes lapins sauvages : les ancêtres de nos lapins étaient originaires de la péninsule Ibérique.

a rapidement été capturé et réintroduit dans d'autres pays, où il s'est répandu très vite. C'est par la capture et l'élevage des lapins sauvages que le lapin domestique est apparu.

Bien qu'appartenant à l'ordre des Lagomorphes, les lapins sauvages et les lièvres n'ont que peu de points communs. Si beaucoup de gens confondent encore les lièvres et les lapins, il s'agit néanmoins de deux animaux très différents. Ainsi, le lièvre est beaucoup plus gros que le lapin sauvage, il peut atteindre un poids de 6 kg, tandis que le lapin sauvage pèse au maximum 2 kg.

Le lièvre n'hiberne pas et ses petits naissent complètement développés et avec de la fourrure. En revanche, le lapin vit dans un terrier et ses petits sont absolument sans défense, sans poils, aveugles et sourds.

Lapin bélier.

Les lièvres ont une préférence pour les champs et les prairies vastes, tandis que les lapins ont une prédilection pour les sols sablonneux, car c'est là que leurs terriers sont les plus faciles à aménager. En outre, les lapins se reproduisent beaucoup plus rapidement que les lièvres, car si la gestation, chez la hase, dure environ 42 jours, et qu'elle a en général deux à trois portées par an avec deux à quatre jeunes, chez la lapine, la durée de la gestation est d'environ 30 jours et elle peut avoir jusqu'à cinq portées de quatre à six jeunes par an. Le lièvre et le lapin sauvage possèdent, en outre, une fourrure complètement différente : celle du lièvre est brun-rouge, tandis que celle du lapin sauvage est plutôt grise.
Si l'on compare le lapin sauvage originel avec les nombreuses races que compte aujourd'hui le lapin domestique, on peut s'étonner des variantes de taille, de couleur et de type de pelage qui résultent de l'élevage du lapin sauvage.

Petit aperçu des races

Les lapins présentent une grande diversité de races. On compte actuellement plus de 150 races reconnues. Celles-ci se distinguent principalement par la couleur, la robe, la forme du corps et la constitution, le type et la longueur des oreilles et naturellement la taille et le poids.
Ainsi, il n'y a rien de comparable entre la plus petite race de lapin existante, le lapin hermine, qui pèse environ 1 kg et le géant allemand, qui peut atteindre plus de 7 kg et une taille d'environ 70 cm.
En principe, toutes les races peuvent être domestiquées. Cependant, le besoin de place augmentant avec la taille du lapin, il est conseillé d'opter de préférence pour une petite race. Très appréciés notamment grâce à leur tête ronde, leurs grands yeux et leurs oreilles proportionnellement courtes, les

Géant allemand.

lapins nains présentent des couleurs variées et un poids compris entre 1 et 1,5 kg.
Les béliers sont depuis peu de temps de plus en plus répandus. Ils se distinguent surtout par leurs longues oreilles pendantes et sont plus trapus et plus calmes que les lapins nains.
Il est préférable de choisir le bélier nain comme animal de compagnie, car son poids n'atteint que 1,5 à 2 kg. En revanche, le lapin bélier, quant à lui, peut peser plus de 5 kg. En dehors des nombreuses autres races, on rencontre fréquemment des hybrides. Il s'agit la plupart du temps de lapins nains que l'on a croisés avec d'autres races de lapins.

Lapin à poil long.

Lapin nain tête-de-lion.

Lapin nain à la fourrure couleur « écorce de bouleau » (appelé « Rhön », une région d'Allemagne dont il provient).

choisir un lapin nain

L'acquisition d'un animal implique toujours une grande responsabilité. Avant de ramener un lapin nain chez vous, demandez-vous si vous serez heureux d'en avoir un et si le lapin sera heureux avec vous.

Un animal ne devrait pas être offert en cadeau de Noël. Un livre et un bon d'achat font de meilleurs cadeaux, d'autant que les enfants sont ravis lorsqu'ils peuvent aller choisir eux-mêmes leur petit compagnon.

Un lapin nain pourra s'épanouir parfaitement grâce à des sorties quotidiennes et une activité suffisante.

Avoir un lapin me conviendra-t-il ?

L'allergie aux poils d'animaux

Actuellement, de plus en plus de personnes souffrent d'allergies les plus diverses. Parmi elles, l'allergie aux poils d'animaux est fréquente. Pour éviter que des problèmes plus graves ne surviennent ultérieurement, il est recommandé de vérifier, avant d'acquérir un lapin, que vous-même ou l'un des membres de la famille n'est pas allergique aux poils d'animaux.

Pour cela, collez quelques poils de lapins directement sur votre peau à l'aide d'un sparadrap. Conservez ensuite celui-ci pendant deux à trois jours. Dans le cas où vous avez des éruptions cutanées, les yeux rouges ou des démangeaisons, il est conseillé de consulter un médecin et de procéder à un test d'allergie.

Un animal idéal pour les enfants ?

Beaucoup d'enfants ont, tôt ou tard, envie d'avoir un lapin bien à eux. Leur nature câline et douce permet en général aux lapins de conquérir rapidement le cœur des enfants. Vous devez cependant tenir compte de certains facteurs si votre enfant veut un lapin.

Tout d'abord, l'espérance de vie d'un lapin est en règle générale de huit à dix ans. L'acquisition de cet animal nécessite donc de s'engager pour une durée relativement longue, car les lapins ont besoin de beaucoup de soins et d'attention. Les enfants sont généralement pleins d'enthousiasme et s'impliquent beaucoup au début en ce qui concerne les soins ; cependant, avec le temps qui passe, ils se désintéressent souvent de plus en plus du lapin. Pour cette raison, il est très important que les autres membres de la famille s'intéressent aussi à lui et soient également prêts à s'en occuper.

Avant d'acquérir un lapin, les parents devront expliquer à leurs enfants quelles sont les obligations liées à l'acquisition d'un animal. Ils devront également leur donner des détails sur la manière de se comporter avec un animal et sur les soins réguliers à leur apporter (voir pages 42-45). Les enfants doivent avant tout comprendre que les lapins sont des êtres

Conseil

Reconnaître un lapin nain :
- corps trapu ;
- grosse tête ;
- grands yeux ;
- oreilles courtes.

Avoir son lapin nain est le rêve de beaucoup d'enfants.

vivants dont ils ont la responsabilité. En tant qu'êtres vivants autonomes, les lapins ont également des besoins précis, qu'il faudra prendre en compte de manière appropriée. Tout d'abord, les lapins ne se sentent vraiment bien que dans une cage propre. En outre, ils doivent être régulièrement nourris et approvisionnés en eau fraîche.

Même si le lapin est souvent considéré comme un camarade de jeux par les enfants, il faut expliquer à ces derniers qu'ils doivent agir en fonction des besoins du lapin ; par exemple, si celui-ci dort, il ne faut pas qu'ils le prennent dans les bras et le caressent. Il est également important de leur expliquer que ces animaux ont une très bonne ouïe et sont donc très sensibles au bruit : éviter la musique assourdissante et les jeux bruyants (voir page 54).

Les enfants doivent apprendre à comprendre leur lapin et à y être attentifs. Les parents ont donc un rôle à jouer car ils doivent, d'une part, indiquer la marche à suivre à leur enfant et, d'autre part, vérifier régulièrement que le lapin est soigné et nourri correctement. En effet, les enfants ne sont généralement capables de s'occuper seuls d'un lapin qu'à partir de 10-12 ans.

Le lapin et les autres animaux

Cette question ne peut être traitée de manière définitive, car chaque animal est très différent d'un autre dans son comportement. En principe, l'entente entre un lapin et d'autres espèces d'animaux est possible, et on l'observe même très fréquemment. Les jeunes, notamment, sont beaucoup plus ouverts aux autres animaux, car ils se trouvent encore dans une phase d'apprentissage et d'imprégnation. L'important est de toujours habituer progressivement les deux animaux. À cette fin, il faut respecter au début une certaine « distance de sécurité » ; les animaux apprennent ainsi tranquillement que l'autre ne présente pas de danger.

Les lapins et les cochons d'Inde s'entendent généralement bien et peuvent même, si la cage est de taille appropriée, y cohabiter.

Il est certainement plus difficile de mettre en présence des lapins et un chien ou un chat. Dans la nature, les lapins sont des proies pour le chien et le chat, c'est pourquoi il faudra, du moins au début, ne les placer ensemble que sous surveillance. Il est surtout important de faire comprendre dès le début au chien ou au chat qu'ils ne doivent faire aucun mal au lapin. On y parvient en leur interdisant clairement par un « non » de donner la chasse au lapin ou de l'effrayer d'une

Un couple classique.

Ne laissez pas sans surveillance un chien et un lapin nain, même s'ils sont bons amis.

Mémo bonne santé

Comportement	Éveillé
Yeux	Clairs, brillants, sans écoulement
Oreilles	Propres
Nez	Propre, non enrhumé
Dents	Bien placées (voir page 43)
Fourrure	Propre, fournie (des zones dénudées derrière les oreilles sont normales)
Ventre	Souple, non ballonné
Jambes	Non paralysées
Griffes	Pas trop longues

manière quelconque. Il faut d'autre part les caresser et les féliciter en présence du lapin, afin qu'ils n'aient pas de raison d'être jaloux.
Les oiseaux qui chantent fort ou crient ne devront pas être placés dans la même pièce que le lapin, car celui-ci a une ouïe très sensible ; les oiseaux bruyants peuvent constituer un facteur de stress permanent pour les lapins.

Des yeux clairs, un poil fourni et brillant sont les signes d'un lapin en bonne santé.

Le temps consacré au lapin

Les lapins sont des animaux qui ont besoin de beaucoup de soins et d'attention. C'est pourquoi, avant d'en acquérir un ou plusieurs, il faut savoir si l'on est en mesure de leur consacrer régulièrement le temps nécessaire.
On oublie souvent que le lapin doit aussi bénéficier de soins réguliers le week-end et pendant les vacances (voir pages 17 et 18). Lorsque l'on sait que la cage doit être régulièrement nettoyée, que les aliments et l'eau doivent être remplacés et contrôlés régulièrement, et que l'animal doit disposer tous les jours de verdure fraîche, on peut certainement comprendre à quel point prendre soin

La taille définitive qu'atteindront ces adorables boules de poil dépend de leur race. Les véritables lapins nains tiendront leur promesse. Les faux lapins nains, généralement des hybrides de différentes races, peuvent dépasser la taille prévue, mais ils n'en seront pas moins mignons !

d'un lapin demande du temps. Outre ces soins, il faudra s'occuper activement de son lapin une heure par jour. Seules les personnes prêtes à passer quotidiennement du temps avec leur lapin devraient en prendre un.

Le coût d'un lapin

Naturellement, les soins apportés à un lapin ont un coût. Outre le prix de l'animal, il faut prévoir l'acquisition d'une cage avec son équipement. À ces frais de départ s'ajoutent les frais réguliers pour la litière, les aliments et éventuellement la garde pendant les vacances. Il faut également prévoir les frais de vétérinaire pour les vaccinations et le traitement d'éventuelles maladies et blessures qui pourraient survenir. La meilleure solution consiste à interroger d'autres propriétaires de lapins nains ou à s'informer des coûts éventuels auprès d'une animalerie.

Combien de lapins nains ?

- Deux jeunes femelles : c'est une bonne association ; deux femelles plus âgées peuvent se battre, en raison de leur sens aigu du territoire.
- Deux mâles : association peu favorable ; les jeunes mâles castrés avant d'être parvenus à maturité sexuelle se supportent exceptionnellement.
- Un couple : bonne association ; faire castrer le mâle.

Il n'est pas facile, pour qui n'a pas l'habitude, de déterminer le sexe d'un lapin : prenez-le et posez-le sur vos genoux, ventre tourné vers vous (tenez-le bien). De la main, écartez doucement les poils recouvrant les parties génitales.

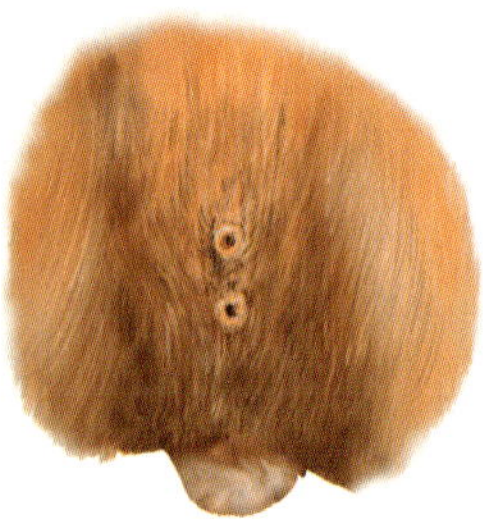

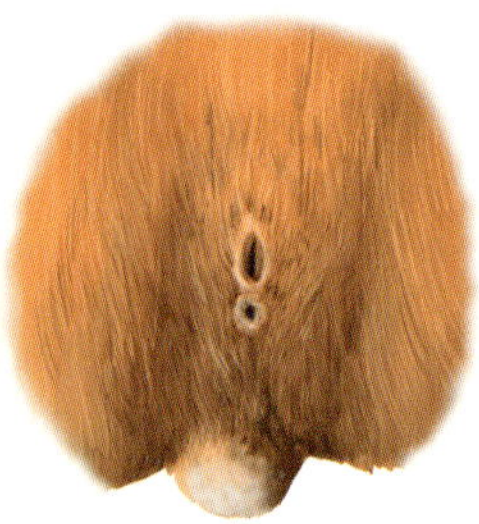

Chez le mâle (en haut), vous verrez un orifice arrondi, nettement distant de l'anus, tandis que chez la femelle (en bas), l'orifice est en forme de fente, proche de l'anus. Chez le mâle adulte, on distingue généralement bien les testicules non velus.

Quel lapin choisir ?

Un ou plusieurs lapins nains ?

Le choix d'un ou de plusieurs lapins dépend de divers facteurs. Le lapin sauvage européen, dont descend notre lapin domestique, vit en colonies avec ses congénères ; il est donc également possible d'élever ensemble plusieurs lapins domestiques. Vous aurez alors besoin d'une cage plus grande. Il faut aussi penser que posséder plusieurs lapins implique de leur consacrer plus de temps. De plus, il peut arriver que tous les lapins ne s'entendent pas. C'est pourquoi il est recommandé d'habituer lentement les animaux les uns aux autres avant de les installer ensemble. En règle générale, plus les lapins sont jeunes, mieux cela fonctionne ; ainsi, les petits d'une même portée sont habituellement ceux qui s'entendent le mieux. Il faut également savoir que les lapins atteignent leur maturité sexuelle à l'âge de 3-4 mois ; si vous ne souhaitez pas de petits, pensez à faire castrer le mâle.

Mâle ou femelle ?

Si vous préférez n'avoir qu'un seul lapin, choisissez plutôt une femelle. Elles sont en général plus affectueuses que les mâles. Après avoir atteint leur maturité sexuelle, les mâles ont tendance à marquer leur territoire en l'aspergeant d'urine et à le défendre. L'instinct sexuel réprimé peut parfois les conduire à un comportement agressif. Ces habitudes plutôt désagréables seront éliminées par une castration.

Votre nouvel ami vous attend

Où puis-je me procurer un lapin nain ?

La réponse à cette question dépend avant tout du type de lapin que l'on veut acquérir. Si vous souhaitez un lapin de race, il est déconseillé de l'acheter sur un marché aux animaux. Les animaleries, sauf exceptions, ne proposent pas toujours des animaux de race pure ; souvent, il s'agit de croisements de lapins nains avec d'autres races.
Si vous tenez à posséder une race particulière, adressez-vous plutôt à un éleveur (voir adresses, page 61).

Les lapins nains se sentent bien en compagnie.

Si la race vous importe peu, il existe de nombreuses possibilités de se procurer un lapin. Outre les animaleries, il est utile de se rendre dans un refuge, car on y donne souvent des lapins qui seraient heureux de trouver une nouvelle maison. Lors de votre choix, vérifiez que votre lapin nain a l'air en bonne santé (voir encadré, page 14). Dans tous les cas, nous vous recommandons de toujours emmener l'animal chez un vétérinaire une fois qu'il est acclimaté, afin que celui-ci l'examine.

Que faire pendant les vacances ?

On constate malheureusement souvent que les propriétaires d'animaux ne pensent pas assez tôt à ce problème. En principe, il ne faut pas laisser son lapin seul à la maison plus d'un ou deux jours. L'animal doit alors disposer d'une quantité suffisante d'eau et d'aliments frais. Si vous souhaitez partir plus longtemps, demandez au préalable à votre entourage si quelqu'un peut s'occuper du lapin pendant votre absence. Pour les lapins, il est très important de vivre dans un environnement familier et tout déplacement de la cage est

Soulevez votre lapin de cette manière.

une cause de stress ; c'est pourquoi il vaut toujours mieux pour l'animal que la personne qui s'en occupe vienne le soigner sur place. S'il s'agit d'une personne qui n'est pas habituée aux lapins, il est d'autant plus important de s'en occuper avec son aide pendant quelque temps. Ainsi, elle pourra s'habituer à l'animal, et réciproquement.

Soulever et porter le lapin

La manière dont on tient le lapin joue un très grand rôle. Si lorsqu'on le porte le lapin n'est pas correctement immobilisé, il peut se blesser en tentant de se dégager. La blessure peut être minime, mais il peut aussi s'agir d'une fracture ou d'une articulation démise. Pour ne pas effrayer l'animal en le soulevant, il faut d'abord tendre brièvement la main à l'animal afin qu'il puisse la renifler et ainsi ne pas avoir peur lorsque vous le prendrez. L'une de vos mains saisira la peau du cou, derrière les oreilles, au niveau des épaules, et soulèvera le lapin tandis que votre autre main soutiendra l'arrière-train. En repliant l'avant-bras, on

Mémo pour les vacances

- Établissez la confiance entre la personne qui garde votre lapin et le lapin nain, montrez la manière de le soulever, de le porter, etc. (voir ci-dessus).
- Nettoyez la cage entièrement juste avant les vacances.
- Prévoyez suffisamment de litière, de foin, d'aliments déshydratés, de brindilles et laissez éventuellement de l'argent pour l'achat des aliments frais.
- Rédigez des indications concernant la manière de nourrir (voir tableau, page 40), les soins à donner (voir page 25), les conseils spécifiques (par exemple sur la promenade), votre adresse de vacances et celle du vétérinaire.

Il faut apprendre à donner les soins appropriés.

portera sans risque le lapin, et en l'appuyant doucement contre soi, il sera bien immobilisé si l'on se déplace. Si pour une raison quelconque le lapin est effrayé et remue pour se dégager, renforcez votre étreinte au niveau du cou et serrez davantage l'animal contre vous. Ce geste calmera immédiatement l'animal. Il faut aussi lui parler doucement pour continuer à l'apaiser.

Le transport

Une fois que vous avez acheté votre lapin, la première chose à faire est de le transporter en toute sécurité chez vous. Toutes les animaleries disposent à cet effet de boîtes appropriées. L'essentiel est que la boîte de transport soit très sombre, ce qui évite d'effrayer inutilement l'animal, et qu'elle ferme correctement. Vous amènerez le lapin directement chez vous et le temps de transport devra être le plus court possible. L'été notamment, l'animal doit disposer de suffisamment d'air frais pendant le transport.

La tête hors de sa boîte de transport, le lapin nain regarde avec curiosité les alentours.

Élever et soigner son lapin nain

Les lapins nains sont des animaux domestiques peu difficiles. Des conditions appropriées, conformes à l'espèce, une nourriture équilibrée et des soins attentifs et réguliers sont la condition d'une longue vie heureuse.

Même pendant leur repas, les lapins observent attentivement leur environnement.

Ce n'est que lorsqu'il s'est un peu habitué à votre odeur et à votre voix que vous pourrez prendre le lapin nain sur vos genoux.

Un environnement approprié

Avec une grande cage, de bons accessoires et une promenade régulière, le lapin a la vie belle, même en appartement.

La période d'acclimatation

Lorsque vous arrivez chez vous avec votre lapin, il est important que la cage soit déjà équipée et son emplacement définitif.
Même si les membres de la famille éprouvent une grande curiosité vis-à-vis du lapin, mieux vaut le laisser seul les deux ou trois premières heures. En effet, il a besoin de temps pour se remettre du stress causé par le transport, et il lui faut aussi explorer son nouvel environnement dans le calme.
Bientôt, vous observerez que le lapin entreprend sa toilette et commence à s'intéresser de plus en plus à son nouvel environnement. Pendant ce temps d'acclimatation, évitez de le sortir tout de suite de sa cage pour le prendre dans vos bras. Il est important de donner assez de temps à l'animal pour qu'il prenne confiance (voir pages 50-51). Les premiers jours, ne le caressez qu'à l'intérieur de la cage et évitez les mouvements brusques, afin que l'animal ne s'effraie pas inutilement. Vous constaterez qu'il devient progressivement plus confiant.

Le choix de la cage

Le lapin est un animal qui aime le mouvement et qui fait volontiers des sauts, même dans sa cage. En outre, votre lapin a besoin d'un lieu de repos où s'étendre, d'un emplacement pour sa nourriture et d'un coin toilette. Lorsque vous achetez un jeune lapin, n'oubliez pas qu'il va encore grandir ; aussi choisissez une cage suffisamment grande. La surface minimale pour un lapin nain est de 90 x 60 cm ou bien de

Conseil

Lorsque vous ramenez à la maison votre nouveau compagnon, emportez un peu de sa nourriture habituelle ou bien renseignez-vous sur ce qu'il mangeait jusqu'à présent. Passez progressivement à la nouvelle alimentation.

Conseil

L'idéal est d'avoir une cage qui s'ouvre aussi bien sur le dessus que sur le côté. Si vous la nettoyez pendant que le lapin est sorti, votre intervention ne lui évoquera pas l'attaque d'un prédateur.

100 x 50 cm et la hauteur ne doit pas être inférieure à 45 cm, car cet animal curieux se dresse volontiers contre le grillage, pour voir ce qui se passe dehors.

Cage grillagée ou en plastique ?

Les cages fermées en plastique sont peut-être plus pratiques pour le maître, qui doit ramasser la litière, mais, pour l'animal, elles n'ont presque que des inconvénients : mauvaise circulation de l'air, notamment en été (stagnation de la chaleur), stagnation de l'humidité, réduction des contacts de l'animal avec son environnement.

Il faut toujours préférer les cages grillagées. Le fond doit atteindre au moins 15 cm de haut, afin que l'animal ne projette pas trop de litière à l'extérieur s'il se déchaîne. Le grillage doit être zingué ou chromé, sans revêtement qui puisse être rongé. Les grillages qui s'ouvrent sur le dessus présentent l'avantage de vous laisser plus facilement passer la main dans la cage et y effectuer des manipulations. En revanche, cette intervention par le dessus équivaut pour votre lapin, tant qu'il n'est pas habitué à votre main, à l'attaque d'un prédateur. Si la cage dispose d'une porte latérale, votre lapin nain peut quitter lui-même la cage pour sa promenade et explorer l'environnement.

Un morceau de bois est parfait pour jouer et ronger à la fois.

Le lapin doit toujours disposer d'un terrier où se cacher, comme cette maisonnette en bois, par exemple.

Construire soi-même la cage

Les bricoleurs ont la possibilité de réaliser eux-mêmes une cage. Pour cela, vous pouvez vous servir de planches en bois imprégnées de produits non toxiques ou de panneaux d'aggloméré recouverts d'une couche plastifiée. Pour le fond, vous pouvez utiliser du contre-plaqué hydrofuge ou un panneau de bois sur lequel vous installerez un récipient en métal

Plan de construction

- Vous aurez besoin de quatre cadres garnis de grillage, assemblés et fixés sur le fond. Bouchez les interstices avec un joint de silicone.
- Pour le toit de la cage, garnissez un cinquième cadre de grillage et fixez-le par des charnières, afin de pouvoir l'ouvrir par le dessus.
- Installez une porte sur l'undes côtés.
- Pour agrandir, vous pouvez par exemple ajouter un second niveau, que les lapins utiliseront volontiers comme poste d'observation.
- Pensez au fait que la cage doit aussi bien convenir à l'animal (taille) qu'à vous (nettoyage).

L'eau fraîche est indispensable.

Les dangers de l'appartement

Les câbles (y compris le cordon du téléphone)
Surélevez-les, dissimulez-les ou entourez-les de solides gaines en plastique ; placez les appareils électriques hors d'atteinte.
Les plantes toxiques
Posez-les hors de portée ; ne vous fiez pas à l'instinct des lapins, qui a malheureusement diminué avec le temps.
Vases pleins, arrosoirs, seaux et bassines
Mettez-les hors d'atteinte.
Les portes et endroits de passage
Ouvrez et fermez les portes avec prudence ; bloquez les portes ouvertes ; attention si vous courez (les lapins adorent passer entre les jambes).

ou en plastique. Choisissez un grillage solide dont les mailles feront au maximum 20 mm de large, fixé de préférence à l'intérieur ; ainsi, les bords en bois du cadre resteront hors de portée des dents du lapin. En revanche, s'il sort, il y laissera certainement quelques traces de dents mais, dans ce cas, il lui faudra encore quelques années pour parvenir à le percer !

L'équipement

Les lapins sauvages se réfugient dans leurs terriers en cas de danger. Le lapin nain se comporte de la même manière et beaucoup apprécient d'avoir une maisonnette en bois ou en plastique. Au lieu d'en acheter une dans le commerce, vous pouvez tout aussi bien la réaliser vous-même. Il est préférable qu'elle ait un toit plat, car votre lapin s'y postera volontiers pour observer autour de lui.
La litière pourra être de la litière pour petits animaux, malheureusement elle reste accrochée à la fourrure et est disséminée dans tout l'appartement pendant la promenade. La litière pour chat, bien qu'elle convienne pour le coin toilette du lapin, n'est pas appropriée comme litière de fond. La tourbe ne doit pas être utilisée car elle dégage de la poussière et contient même parfois des champignons. Le lapin apprécie la paille, qu'il peut en outre ronger. La paille compressée, qui s'émiette et peut ensuite être piétinée pour former un tapis, est également parfaite.
Les lapins sont aussi propres que les chats ; en général, ils acquièrent très bien la propreté (voir page 26). Disposez dans leur cage un coin toilette ; le travail vous sera facilité si vous installez un bac. Si la cage n'est pas assez grande pour recevoir un bac, elle n'est certainement pas assez grande pour votre lapin ! Vous pouvez choisir un petit bac à litière que vous remplirez de litière pour chat à base d'argile. Pour y habituer votre lapin, observez d'abord quel coin de la cage il utilise pour faire ses besoins et posez le bac à cet endroit. La plupart des lapins comprennent vite son utilité.

Les accessoires pour l'alimentation

Un **râtelier** à foin en forme de mangeoire ou un râtelier muni d'un couvercle éviteront que le foin ne fasse office de matelas. Pour les aliments déshydratés, mieux vaut posséder une

écuelle lourde, par exemple en porcelaine ou en faïence, que votre lapin ne renversera pas s'il appuie dessus avec ses pattes avant. Pour l'eau, placez un **abreuvoir** dans lequel l'eau ne sera pas salie.

Les distractions

Vous pouvez proposer à votre lapin des distractions à l'intérieur de la cage, en y plaçant par exemple une branche, une racine, etc. ; laissez-lui cependant toujours assez de place pour sauter. Pour l'usure des griffes, utilisez une pierre plate ou une plaque de grès ou de tuf, que vous placerez de façon à ce que le lapin passe souvent dessus.

La fréquence des nettoyages

Très propres, les lapins n'aiment pas vivre dans un environnement souillé. Un nettoyage régulier de la cage et des accessoires est important pour leur bonne santé, afin d'éviter que les bactéries ne se multiplient.

Le **coin toilette** de la cage devra être débarrassé de sa litière sale chaque jour ; renouvelez entièrement la litière tous les trois jours. Lorsque votre lapin nain est habitué à faire ses besoins à l'endroit prévu, il suffit de changer la **litière** de la cage une à deux fois par semaine et d'en laver le fond à l'eau très chaude. Les dépôts calcaires de l'urine se nettoient avec du vinaigre ou de l'acide citrique.

Mangeoires et abreuvoirs doivent être rincés quotidiennement. Au bout de quelques heures, jetez les restes de verdure et d'aliments aqueux. Pensez également à nettoyer ou à remplacer de temps en temps la **maisonnette**, lorsqu'elle est trop rongée ou imprégnée d'urine.

Pour l'enclos (voir page 29), vous procéderez en principe comme pour la cage d'appartement. En été surtout, il est important de changer plus fréquemment la litière (tous les un à deux jours). Vous déplacerez l'enclos chaque fois que toute l'herbe aura été mangée.

L'emplacement approprié dans l'appartement

Avant de ramener votre lapin à la maison, il faut avoir choisi l'emplacement de sa cage. Il n'est pas très grave d'en changer ensuite, à condition de ne pas le faire tous les jours et que cet

La paille est une garniture agréable, que l'on peut même grignoter !

Important

Les lapins ont une très bonne ouïe – mieux vaut ne pas placer les haut-parleurs et les téléviseurs à côté d'eux.
Ils possèdent, en outre, un bon odorat et devraient donc souvent faire une apparition dans la cuisine lors de leur promenade.
Enfin, ils n'apprécient pas du tout la fumée de cigarette !

Conseil

Si votre lapin ronge souvent les papiers peints, les tapis ou les meubles lorsqu'il sort, peut-être manque-t-il de distractions ou de possibilités de se faire les dents. Installez-lui un terrain d'aventure, occupez-le (voir page 59) et donnez-lui des branchages ou des cartons (s'il n'avale pas les morceaux) à ronger.

emplacement soit adéquat. Les lapins aiment participer à la vie familiale et ne devraient donc pas se trouver dans une pièce peu fréquentée. La pièce choisie doit être claire, mais la cage ne doit pas être directement exposée aux rayons du soleil, car les lapins sont très sensibles à la chaleur. L'endroit doit être aéré mais évitez les courants d'air. Pour l'isoler de la fraîcheur du sol, vous pouvez poser la cage sur un tapis.
La température ambiante idéale pour le lapin se situe entre 18 et 22 °C. Attention, n'installez pas la cage directement devant un radiateur. L'humidité de l'air, idéalement de 50 à 65 %, est souvent insuffisante en hiver ; vous pouvez y remédier facilement à l'aide d'un humidificateur.

La propreté

La propreté ne pose généralement pas de problème chez le lapin : à 3 semaines, presque tous les lapins sont propres. Installez dans la pièce un bac avec de la litière pour chat. Vous pouvez habituer le lapin à faire ses besoins à un endroit précis en le plaçant dans le bac et en lui donnant une friandise dès qu'il relève sa petite queue. Ramassez les excréments oubliés pendant la promenade et remettez-les dans le bac. Si votre lapin nain a un endroit préféré, placez-y le bac. Évitez de crier ou de punir l'animal, ce qui n'apporterait rien excepté une moins grande confiance. Si la cage est accessible pendant la promenade, un bac à l'intérieur suffit, à condition que toutes les pièces de l'appartement ne soient pas utilisées (il faut dans ce cas installer plusieurs bacs).

Il peut arriver que votre lapin fasse ses excréments autour de la cage, pour marquer son territoire. Il s'agit d'un comportement tout à fait normal, que vous pouvez faire cesser en faisant comprendre au lapin que vous n'« attaquez » pas son territoire (la cage), pour cela, nettoyez la cage uniquement lorsqu'il est dehors, ne tournez pas constamment autour de la cage et n'attrapez pas l'animal pour l'y placer de force, mais faites l'y entrer tranquillement.

La plupart des lapins nains acquièrent rapidement la propreté.

Plantes toxiques d'intérieur et du jardin

Aconit	Cyclamen	Houx	Pied-d'alouette
Agave	Cytise	If	Poinsettia
Aloès	Daphné	Jacinthe	Primevère
Amaryllis	Datura	Laurier des montagnes	Rhododendron
Arum	Dieffenbachia	Laurier-cerise	Ricin
Aubépine	Digitale	Laurier-rose	Rose de Noël
Azalée	Figuier	Lierre	Saxifrage
Bruyère	Fougère	Lilas	Stramoine
Buis	Genêt à balai	Lupin	Sumac
Calla	Genévrier	Mahonia	Symphorine
Chèvrefeuille	Genévrier Sabine	Muguet	Thuya
Chrysanthème	Géranium	Narcisse	Troène
Cornouiller	Gui	Passiflore	
Crocus	Hortensia	Pervenche	

Hors de la cage

La promenade est essentielle !

Quelle que soit la taille de la cage, la promenade est indispensable car le lapin est un animal actif et curieux. À l'état sauvage, cela lui permet d'avoir une meilleure connaissance de son environnement, afin de pouvoir prendre rapidement la fuite en cas de danger. Dès que le lapin s'est habitué à vous et à sa nouvelle maison et qu'il est à peu près apprivoisé, vous devrez lui accorder une à deux heures de promenade dans l'appartement. Vous pouvez également lui préparer quelques jeux (voir page 58). Lorsque votre lapin nain a acquis la propreté et que la partie de l'appartement à laquelle il a accès est sans danger, vous pouvez lui laisser la liberté de sortir en permanence, ce qui est très apprécié des animaux actifs. Construisez une rampe pour rendre l'accès à la cage plus facile.

Votre lapin ne laissera aucun espace inexploré dans une pièce et aura les idées les plus folles quand il s'agira de contourner un obstacle. Il ne suffit pas de cacher les

Malgré le danger, la curiosité et le besoin de ronger sont souvent les plus forts !

Important

Ne laissez jamais votre lapin nain sortir sur le balcon ou dans le jardin s'il n'y a pas d'ombre. Dans le clapier, il doit aussi pouvoir s'abriter du soleil. N'oubliez pas que le soleil tourne.

Les dangers du balcon

Chute du balcon
Bouchez le bas de la balustrade avec une planche d'environ 25 cm de haut (elle protégera aussi des courants d'air), garnissez les barreaux de grillage.

Courants d'air, vent
Calfeutrez les zones concernées, prévoyez un abri.

Rayons du soleil, chaleur
Prévoyez un store ou un parasol, et un abri.

Froid ou humidité du sol
Tapissez le sol de gazon naturel ou de moquette, prévoyez un refuge abrité de la pluie.

Prédateurs
Fixez une protection par le dessus (filet attaché à la balustrade).

câbles, il faut aussi lui offrir d'autres possibilités de jeu (voir page 58).
Afin de minimiser les risques d'accidents, vous devez d'abord rendre votre appartement sûr. Vous pouvez recouvrir les dallages et les carrelages froids de nattes de paille (antidérapantes). Les lapins apprennent généralement vite qu'ils ne peuvent pas faire de vitesse sur ces surfaces et s'y préparent. Au début, vous pouvez établir un enclos, comme ceux qu'on installe dans les jardins, mais il faut qu'il soit grand et il ne pourra cependant pas remplacer complètement une sortie.

Sur le balcon

Si votre balcon est relativement abrité des courants d'air, vous pouvez l'aménager pour de courts séjours ou comme résidence d'été, ce qui représente toutefois une grosse dépense ! Votre lapin a besoin d'être préservé des influences climatiques, des prédateurs et des chutes. N'oubliez pas que les lapins, y compris les lapins nains, peuvent franchir des obstacles dépassant un mètre ! Les orifices doivent être bouchés, et il faut installer un store ou un parasol pour protéger du soleil. Sur le sol, vous pouvez, par exemple, mettre de l'herbe, et disposer une maisonnette qui servira d'abri, ou un véritable refuge, pour un séjour plus long. En été, vous pouvez laisser dormir votre lapin sur un balcon bien protégé, dès

Les joies du printemps.

L'enclos

1. Lattes de bois encastrées de façon à ne pas blesser l'animal, fixées sur des montants ou vissées.
2. Grillage solide, aux mailles d'une largeur de moins de 20 mm.
3. Couvercle à soulever sur le dessus, à demi ou complètement recouvert d'une plaque pour l'ombre.
4. Côté servant de porte (à bien fermer).
5. Poignée de transport.
6. Maisonnette servant d'abri : toit en avancée, rampe stable (avec baguettes transversales pour faciliter l'accès) fixée à la maisonnette.

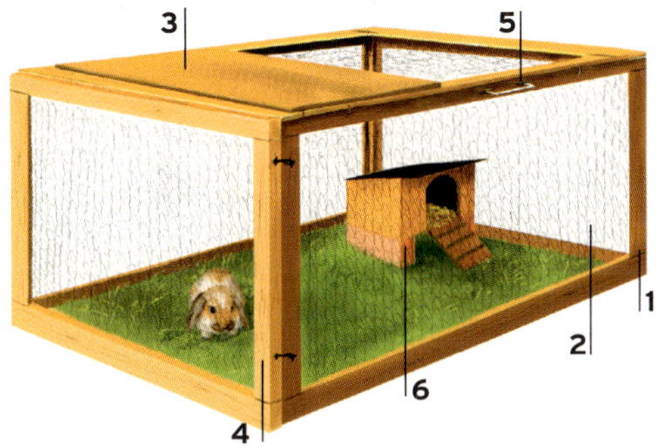

que la température nocturne atteint au minimum 15 °C et à condition de l'habituer progressivement à ce changement (de une à deux heures au début).

Dans le jardin

Un jardin est naturellement la meilleure manière de prendre le frais en été pour votre lapin nain. Il y jouit d'air pur, d'espace pour bondir et d'herbe à grignoter. Mais la plupart du temps, un lapin doit disposer d'un enclos car, laissé en liberté, on découvre bien souvent trop tard le trou qu'il aura creusé. Un lapin peut profiter du jardin pour une promenade de quelques heures, mais il peut aussi y séjourner tout l'été ou y être installé à l'année ; dans ce dernier cas, les contacts avec l'être humain seront moins importants en hiver. Quoi qu'il en soit, l'animal doit être à l'abri du danger (voir encadré, page 30), et l'emplacement soigneusement choisi. Pensez toujours à l'habituer progressivement à la verdure et n'autorisez que des sorties brèves au début.

L'enclos

On trouve des enclos dans le commerce, mais on peut très bien aussi les fabriquer soi-même. Choisissez des lattes de bois non traitées, fixées à des piliers et tendues de grillage

L'enclos est idéal pour profiter d'une bonne journée en plein air.

Les dangers du jardin

Plantes toxiques
Inspectez soigneusement l'endroit, vérifiez qu'il n'y a pas de plante toxique (voir liste, page 27) à proximité de l'enclos, prévenez les enfants.

Chaleur, rayonnement direct du soleil
Vérifiez qu'il existe une zone d'ombre dans l'enclos (attention au déplacement du soleil), prévoyez un toit en saillie pour le clapier.

Pluie, vent
Installez un abri dans l'enclos si le lapin y séjourne longtemps, une ouverture du clapier tournée vers le sud ou l'est, un toit en saillie. Placez le clapier en hauteur, mettez éventuellement une couverture (y compris la nuit s'il fait froid), utilisez des planches bien jointes afin d'éviter les courants d'air.

Prédateurs
Couvrez l'enclos.

Fuite
Ne laissez pas le lapin courir en toute liberté dans le jardin.

solide. La surface ne devra pas excéder 2 m^2 environ, et la hauteur atteindre 75 cm. Le toit est nécessaire pour protéger les lapins des prédateurs. Il peut être constitué d'un cadre tendu de grillage, de planches ou de dalles légères, qui protégeront du soleil. Un abri contre la pluie est utile si votre lapin nain n'est pas constamment sous surveillance. Pour qu'il puisse creuser, vous pouvez lui installer une caisse de sable. Racines, branchages, etc., rendent la promenade plus intéressante et invitent au jeu (voir page 59). Si la sortie est plus longue, proposez de l'eau ! N'oubliez pas que les lapins sont de bons fouisseurs et que le vôtre creusera sous sa cage plus vite que prévu. Un grillage à mailles larges posé sur le sol permettra au lapin de se nourrir, mais non de creuser.

La résidence d'été

Pour un séjour plus long à l'air libre, il est important de disposer d'un refuge plus solide. Votre lapin pourra s'y retirer et y demeurer lorsqu'il pleut et qu'il fait nuit. Si un clapier ou un refuge ne dispose pas d'un espace de promenade, laissez le lapin bondir et paître dans l'enclos pendant la journée – n'oubliez pas une protection contre la pluie et le soleil. La litière du refuge sera de préférence de la paille et, dans le coin toilette, s'il y a assez de place, on mettra un bac avec de la litière pour chat, ou des copeaux. Nettoyez régulièrement, surtout en été (voir page 24), sans oublier le râtelier, la mangeoire et l'abreuvoir.

Toute l'année à l'extérieur

Les lapins ne sont pas sensibles au froid et peuvent très bien passer l'hiver dehors. En revanche, l'humidité, le vent et les changements de température posent problème, c'est pourquoi il ne faut pas amener dans un appartement chauffé des

Le clapier d'été et d'hiver

1. Parois en planches de 20 mm d'épaisseur : en été, assemblage à tenons et mortaises en hiver, deux épaisseurs avec un isolant (1a).
2. Sol : planches de bois, ou contreplaqué hydrofuge. Si nécessaire pour l'écoulement : sol en planches légèrement en pente, tôle dépassant de 3 cm, petit interstice dans la paroi du fond.
3. Installez le clapier sur des dalles de jardin, fixez-le au mur. L'espace vide peut être utilisé pour stocker de la litière (n'entreposez pas de nourriture car vous risqueriez d'attirer les rongeurs).
4. Toit oblique avec une avancée, posez du carton goudronné aux arêtes. Prévoyez une glissière à rideaux pour protéger du froid et de l'humidité (4a).
5. Deux « compartiments » aux portes grillagées avec un passage entre les deux : garnissez de beaucoup de paille, l'un d'eux peut servir de nid en hiver.

Important : ne laissez pas dépasser fil de fer ou arêtes coupantes. Orientez l'ouverture vers le sud ou l'est. Il doit toujours y avoir une partie ombragée.

lapins qui vivent à l'extérieur l'hiver ! En cette saison, il est nécessaire de disposer d'un clapier solide pour vos lapins. Il doit être surélevé, posséder un toit avec une avancée et être bien isolé. Des parois doubles avec un matériau isolant entre elles, beaucoup de paille et des bâches devant les portes en cas de grand froid protégeront suffisamment les lapins des intempéries. Le râtelier, la mangeoire et l'abreuvoir doivent être facilement accessibles. S'il fait beau, les lapins peuvent aussi se défouler un peu dans la neige.

Important

Votre lapin a besoin d'eau, même pendant la saison froide. Dans les abreuvoirs traditionnels, l'eau gèle et les distributeurs automatiques se cassent ; aussi proposez de l'eau deux fois par jour dans un récipient.

L'arrivée des petits

Les lapereaux sont généralement irrésistibles, surtout lorsqu'ils bondissent en tous sens dans la pièce. Cependant, « élever » ne signifie pas « multiplier » (au sens

Conseil

Élevage au biberon des petits abandonnés
Quatre à cinq fois par jour, versez par exemple un lait d'élevage tiède dans un tout petit biberon. Outre les laits spécifiques pour lapin, on peut utiliser le lait d'élevage pour chat, à teneur réduite en lactose. Massez doucement le ventre après le repas, tenez les jeunes au chaud. Dès 3 semaines, ajoutez du jus de carotte et de la crème d'avoine et proposez des aliments d'élevage.

littéral chez les lapins), mais c'est une tâche qui présente de grandes responsabilités et devrait être laissée aux éleveurs. Si vous avez l'intention de faire couvrir votre femelle, n'oubliez pas que les deux animaux doivent être sains, être âgés d'au moins 8 à 9 mois, pas plus de 4 ans, et si possible appartenir à la même race. Pour de plus amples informations, nous vous indiquons en fin d'ouvrage des livres spécialisés et des clubs d'éleveurs (voir page 61).

Il peut naturellement arriver que vous ayez acquis une femelle déjà gestante ou un couple au lieu de deux femelles. Dans ce cas, réjouissez-vous quand même d'avoir des petits, même si cela vous demande un peu plus de temps et de travail.

Pendant les 28 à 32 jours de **gestation**, la femelle a besoin d'une nourriture équilibrée et de beaucoup de repos. Si possible, ne la portez pas et réduisez la promenade quelques jours avant la naissance. Ne changez pas la cage de place et nettoyez-la à fond avant la mise bas. Offrez beaucoup de paille à la lapine pour qu'elle construise son nid et installez éventuellement une caisse où elle pourra le placer. Pour rembourrer le nid, les lapins arrachent la laine douce qu'ils ont sur le ventre, parfois une semaine à l'avance, parfois brièvement avant la naissance. La **naissance** se déroule normalement sans complications et discrètement. La lapine lèche ses petits et mange le placenta pour nettoyer le nid, ce qui stimule la lactation. Quelques heures après la naissance, faites une **inspection du nid**. Pour détourner l'attention de la mère

Une petite troupe colorée : mignonne à croquer.

Les petits apprennent auprès des aînés comment se comporter.

lorsqu'elle est à l'extérieur, donnez-lui une friandise et observez avec prudence le nid pour enlever éventuellement les animaux morts et les restes de placenta. Les jours suivants, jetez un coup d'œil de temps en temps, pour voir si les petits sont bien portants ; remettez les petits tombés du nid, mais ne les gardez pas longtemps dans la main.

Le développement des petits

Les lapereaux viennent au monde sans poils, aveugles et sourds. Pendant trois semaines environ, ils ne boivent que du lait maternel, avant de commencer à absorber des aliments solides. À environ 5 jours, les lapereaux ont leurs premiers petits poils, qui poussent jusqu'à l'âge de 2 semaines pour former un duvet souple. Les yeux et les oreilles s'ouvrent au bout de huit à dix jours et, à 2-3 semaines, les petits marchent déjà hors du nid. Maladroits au début, ils trouvent rapidement leur équilibre, de sorte que vous pouvez leur accorder de nombreuses sorties à partir de 4 semaines, pour qu'ils exercent leurs muscles et articulations. Vous pouvez proposer les aliments d'élevage à partir de la quatrième semaine. Laissez les petits, qui sont allaités jusqu'à 6-7 semaines, avec leur mère jusqu'à l'âge de 8 semaines. Cherchez à l'avance une bonne famille d'accueil, car un futur propriétaire compréhensif sera prêt à attendre le sevrage avant d'adopter l'animal.

Important

Les lapines sont très sensibles aux perturbations dans les premiers temps qui suivent la naissance. Ne sortez jamais les jeunes hors du nid et ne les touchez pas non plus à l'intérieur du nid, excepté pour un bref contrôle. Il peut arriver que la femelle abandonne, voire tue ses petits, s'ils portent une odeur étrangère sur eux.

Règles de nutrition importantes

- Deux repas par jour au minimum.
- Nourriture équilibrée : aliments crus, verdure, aliments aqueux, aliments préparés.
- Eau fraîche chaque jour.
- Changement de régime progressif.
- Lavage des fruits et des légumes.
- Branches et pain sec (non moisi) pour l'usure des dents.
- Pas d'aliments gâtés, traités, moisis, sortis directement du réfrigérateur.
- Pas de sucreries ni de gâteaux.
- Pas de restes à l'exception des pommes de terre cuites (non germées) et des nouilles cuites (sans épices ni sauce).

L'alimentation

Les lapins sauvages sont des animaux végétariens, qui cherchent avant tout leur nourriture (graminées, herbacées, fruits, racines, écorces d'arbre) tôt le matin ou le soir. Tout comme leurs cousins sauvages, nos lapins domestiques ne sont généralement pas délicats et donc relativement faciles à nourrir. Vous devez cependant respecter quelques règles générales : ne nourrissez pas trop votre lapin nain et accordez-lui suffisamment d'exercice.

La fréquence des repas

Herbivores, les lapins sont par nature constamment en train de manger. Ne se nourrir qu'une fois par jour ne fait pas partie de leurs habitudes et cela peut même être néfaste et leur causer des troubles digestifs importants, surtout s'ils engloutissent tout d'un coup.

Nourrissez votre lapin au moins deux fois par jour, en lui laissant toujours du foin et de l'eau à disposition. Une friandise de temps en temps sera volontiers acceptée, mais n'en abusez pas. Vous pouvez la donner le matin en préparant la ration d'aliments aqueux.

Quel délice !

Pour la photo, c'est bien, mais trop manger n'est pas bon pour la santé !

Le régime idéal

Les aliments crus

Le foin constitue la base de l'alimentation du lapin ; il fournit des fibres indispensables pour une bonne digestion, notamment en hiver. Le lapin doit toujours en disposer, mais ne craignez pas de trop le nourrir, car le foin est très peu calorique. C'est d'ailleurs pour cette raison que vous devez compléter le repas de votre lapin par d'autres produits. Nourri uniquement au foin, votre lapin n'absorberait pas assez d'énergie et pourrait mourir de faim.

Le foin de bonne qualité est de couleur verte et dégage une agréable odeur aromatique. Il contient de nombreuses herbacées et graminées avec des feuilles, des fleurs et des fruits ; il n'est pas poussiéreux ni moisi et absolument sec. Ne donnez jamais de foin gâté, pourri ou moisi !

Vous trouverez du foin emballé en animalerie ou chez les agriculteurs ; dans tous les cas, vérifiez sa qualité. Si vous souhaitez produire le foin vous-même, récoltez les graminées et les herbacées (voir liste, page 36) dans les prairies et les jardins susceptibles d'être peu pollués. Étalez les herbes dans un endroit sec et retournez-les de temps en temps pour les aérer. Ne les stockez pas tant que le foin n'est pas complètement sec ! Pour le stockage, vous aurez besoin d'un endroit aéré et sec, où les souris et les rats ne peuvent accéder.

Important

Ne laissez pas trop longtemps dans un sac les herbes récoltées, car elles pourrissent très vite. Vous pouvez conserver la verdure pendant deux jours dans un endroit frais et sec, notamment en la plaçantdans une caisse en bois, sans la tasser.

Les bonnes plantes

Acanthe, achillée, armoise, bourse-à-pasteur, camomille, chénopode, consoude, herbe, jeunes orties (à ne pas laisser flétrir), laiteron, luzerne, menthe, mouron des oiseaux, oseille, pissenlit, plantain, sauge, trèfle (uniquement en petites quantités), trèfle blanc.

Les plantes toxiques

Aconit, ail des ours, anémone des bois, belladone, berce géante, buddleia, colchique, coquelicot, coronille, digitale, Euphorbiacées, genévrier, jusquiame noire, muguet, narcisse, perce-neige, pervenche, petite ciguë, poinsettia, renoncule (bouton-d'or), souci d'eau, stramoine, trèfle hybride, trollius.

La verdure

Le cliché du lapin en train de grignoter une feuille de pissenlit est loin d'être inexact, car le pissenlit est sa plante favorite. Il peut cependant manger d'autres herbacées et graminées (voir liste ci-contre). En les ramassant, faites attention aux points suivants :

– ne les choisissez pas à proximité d'une route fréquentée ;
– ne les récoltez pas sur des surfaces fumées ;
– évitez les prairies traitées avec des herbicides et des pesticides, ainsi que les endroits où les chiens font leurs besoins ;
– ne ramassez pas de plantes que vous ne connaissez pas, faites attention aux plantes toxiques (qui même dans le foin ne perdent pas toujours leur toxicité).

Le trèfle ne devrait pas constituer l'essentiel de la verdure, car le trèfle rouge, notamment, peut provoquer des ballonnements.

En hiver, vous pouvez planter de l'herbe-à-chat ou des graminées et des herbacées, qui fourniront aussi de la verdure.

Les aliments aqueux

Les fruits et les légumes ne sont certes pas la partie essentielle de l'alimentation du lapin, mais ils ne doivent pas être absents du menu, car ils sont très riches en vitamines et en nutriments. En veillant à ce qu'il n'y ait pas de partie gâtée, vous pouvez donner des restes de plats cuisinés : petits morceaux de carottes, peaux de pommes de terre cuites (non germées), fanes de carottes, peaux de pommes, etc. Vous trouverez une liste des aliments aqueux à la page suivante.

Le topinambour, qu'on cultive de plus en plus aujourd'hui, est une véritable friandise pour de nombreux lapins ; on peut leur donner le tubercule, les racines et le feuillage. Les lapins apprécient tout autant le tournesol, qui lui est apparenté.

La prudence s'impose avec le chou, qui peut causer d'importants ballonnements et ne peut donc être offert qu'en petites quantités. La salade est souvent traitée et possède une forte teneur en nitrates, c'est pourquoi il ne faut la donner qu'avec modération. Les feuilles de pommes de terre ou de tomates, les germes de pommes de terre et les haricots rouges sont toxiques, et la rhubarbe est nocive. Les épis de maïs en petits morceaux conviennent au lapin pour grignoter ; il mange

Les récipients en terre cuite sont stables et ne peuvent être rongés, contrairement à ceux en plastique.

Les bons fruits et légumes

Banane
Betterave fourragère
Brocoli
Carotte (avec les fanes)
Céleri en branches
Céleri-rave
Chicorée
Chou (modérément)
Chou chinois
Chou-rave
Concombre
Cresson
Endive
Épinard
Fenouil
Feuilles de radis
Fines herbes (sauge, aneth, persil, ciboulette)
Fruits secs (en hiver)
Mâche
Maïs (modérément, car très calorique)
Petits pois
Poire
Poivron
Pomme
Pomme de terre (cuite, sans germes)
Rutabaga
Salade (modérément)
Tomate
Topinambour (en entier)
Tournesol

Conseil

Des tiges de topinambour coupées en morceaux de 5 cm et conservées au frais et au sec enrichissent le menu d'hiver. Les lapins seront enchantés de cette délicieuse friandise.

aussi les inflorescences et quelques feuilles de l'épi. Si vous conservez les épis, ôtez les feuilles car elles s'abîment très vite.

Les aliments préparés

La plupart des aliments préparés proposés dans le commerce sont composés de céréales broyées grossièrement, de granulés et de légumes séchés. Les granulés sont composés de verdure, de vitamines, de minéraux et d'oligoéléments, et existent aussi sans céréales ou autres additifs. Bien que les aliments préparés soient généralement annoncés comme étant « complets », vous devrez offrir à votre lapin un peu de diversité et proposer plus de verdure et d'aliments aqueux. Les rations quotidiennes, pour les mélanges riches en calories à base de céréales ou de noix, sont de 1 à 2 cuillerées à soupe par kilo. Les granulés doivent être proposés en quantités plus importantes, car ils ne sont pas aussi énergétiques. En été, si l'animal dispose de beaucoup de verdure, par exemple s'il passe plusieurs heures dans le jardin, vous pouvez provisoirement renoncer aux aliments préparés et n'en donner que 1 à 2 cuillerées à soupe deux à trois fois par semaine. En

Les lapins nains doivent ronger, afin d'user leurs dents qui repoussent constamment.

Une manière originale d'attacher la pierre à sel.

observant votre lapin, vous verrez rapidement s'il apprécie sa nourriture et s'il supporte les aliments caloriques sans devenir trop gras (voir page 40).
En dehors des animaleries, vous pouvez acheter des granulés dans les coopératives agricoles, conditionnés en paquet de 5 kg ou plus. Veillez à ne pas prendre des aliments d'engraissement, mais des aliments d'élevage.
Si vous changez de variété, procédez progressivement, comme pour tout changement de nourriture, et mélangez au début les nouveaux aliments avec les anciens.

Les aliments à ronger

Si d'un point de vue zoologique le lapin n'est pas considéré comme un rongeur, il a cependant une dentition qui pousse constamment et ne s'use pas suffisamment si l'animal n'a rien à ronger, ce qui peut conduire à de graves troubles (voir page 43). Donnez-lui à ronger des rameaux d'arbres feuillus : ils distraient le lapin et contiennent en outre des tanins et des huiles. Prenez des rameaux d'arbres fruitiers, de hêtres, de

Important

Votre lapin doit toujours être habitué progressivement à la verdure, afin d'éviter l'apparition d'importants troubles digestifs. Au printemps, donnez-lui toujours un peu d'herbacées et de graminées et augmentez peu à peu la quantité, ou bien laissez-le manger brièvement puis de plus en plus longtemps.

Menu

Aliments à inclure dans le menu	
• Aliments secs (foin)	• Quotidiennement à disposition
• Aliments préparés	• Environ 2 à 3 cuillerées à soupe, davantage s'il s'agit de granulés purs, moins si possible en été
• Verdure	• En été, par exemple le soir, un râtelier plein (habituez le lapin progressivement) ou une sortie dans le jardin ; en hiver, éventuellement herbe semée à cet effet
• Aliments aqueux	• Répartis sur la journée, préparez la ration quotidienne le matin. Quantité variable selon la taille de l'animal et la verdure prise habituellement ; plus de légumes que de fruits
• Branchages	• Donnez-en plusieurs fois par semaine à ronger
• Friandises, pain sec	• De temps en temps (toutes les une à deux semaines si votre lapin nain est suffisamment actif)

Proposition de menu

Matin	Soir
• Eau fraîche	• Remettez éventuellement du foin et foin toute la journée et de l'eau
• 2 cuillerées à soupe d'aliments préparés	• Si peu de verdure en hiver, 1 à 2 cuillerées à soupe de granulés, une petite poignée de fanes de carottes ou de mâche
• Carotte ou pomme et feuille de salade ou petits morceaux de brocolis	• En été, une poignée de verdure, par exemple herbe et pissenlits ; diminuez la quantité si votre lapin est sorti et a mangé

Évitez les changements brusques de nourriture !

noisetiers, de peupliers, de saules et d'aulnes. De temps en temps, votre lapin peut aussi ronger un morceau de pain dur, qui ne doit pas être moisi.
Si vous partez chercher des branchages en hiver, laissez-les d'abord dégeler et sécher avant de les donner à votre lapin.

Si votre lapin a trop grossi, réduisez la quantité d'aliments préparés et offrez-lui davantage d'activité. En outre, un jour de diète avec du foin et de l'eau ne peut pas lui faire de mal.

L'eau est importante !

« Les lapins n'ont pas besoin d'eau » : voilà une affirmation fausse, qu'on entend fréquemment. Il est vrai qu'avec suffisamment de verdure et d'aliments aqueux la plupart des lapins ne boivent pas de la journée, mais vous devez néanmoins leur en proposer tous les jours. L'abreuvoir constitue la meilleure solution, car l'eau ne peut y être souillée. Ce dernier ne doit pas se trouver au-dessus du foin ou des aliments, pour ne pas mouiller la nourriture.
Si votre lapin l'apprécie, vous pouvez lui donner de la tisane, comme de la camomille, mais surtout jamais de lait, qui provoque de graves diarrhées.

Les vitamines et les minéraux

Votre lapin peut renoncer à d'autres apports vitaminiques, s'il dispose d'assez de verdure et d'aliments aqueux ; un surdosage peut même être néfaste ! En revanche, proposez toujours une pierre à sel, même si elle n'est pas souvent utilisée.
L'une des particularités du lapin, tout comme du cochon d'Inde, est qu'il est coprophage, c'est-à-dire qu'il absorbe ses excréments pendant la nuit. Dans ces excréments, plus mous et plus clairs, se trouvent des vitamines K et B, formées dans le cæcum. Leur ingestion ne doit pas être interdite, car elle est vitale pour le lapin.

En période de mue, un brossage attentif est particulièrement apprécié.

Santé et maladies

Les soins préventifs

Pour éviter les maladies ou au moins les identifier à temps, il est très important d'effectuer régulièrement quelques mesures de contrôle et de soin. Par des soins corporels réguliers, il est possible de prévenir plusieurs maladies.

La fourrure

Tout commence par le soin de la fourrure. Vous devrez la brosser une fois par semaine avec une brosse ou un gant spécial. Si vous effectuez de temps en temps le brossage au-dessus d'une serviette blanche, vous pourrez constater la présence éventuelle de parasites : puces, poux ou acariens. Lors de ce brossage, il faudra veiller à éliminer également les zones de poils emmêlés. Il faut aussi repérer la présence de zones dénudées, de zones cutanées rouges sur le dessous des pattes ou de squames.

Les lapins sont des animaux extrêmement propres et il est rare que des parties de leur corps soient souillées. Il peut néanmoins arriver que des croûtes se forment près du nez ou sur le bord interne de l'œil. C'est pourquoi vous devrez régulièrement inspecter le nez et les yeux et, le cas échéant, les nettoyer avec un linge trempé dans de l'eau tiède afin de pouvoir retirer les croûtes.

Les lapins à poil long nécessitent beaucoup de soins. Les zones feutrées de la fourrure devront rapidement être coupées.

Les griffes

Outre la fourrure, il faut aussi inspecter les griffes. Les lapins élevés en appartement n'usent pas suffisamment leurs griffes en raison du sol souple et souvent lisse. C'est surtout le cas pour les griffes des pattes avant. Des griffes trop longues peuvent causer de nombreux problèmes. Ainsi, les lapins ne peuvent plus sauter correctement et se déplacent moins, ce qui peut entraîner d'autres problèmes de santé.

Plus les griffes sont longues, plus le lapin risque de s'accrocher. Il peut alors se blesser grièvement ou se faire une fracture. Des griffes qui rentrent dans la peau peuvent aussi provoquer des inflammations.

La coupe des griffes : demandez à votre vétérinaire de vous montrer comment il procède. Il est important de ne pas trop couper les griffes afin de ne pas toucher les nerfs ou les vaisseaux sanguins qui s'y trouvent. Lorsque les griffes sont claires ou non pigmentées, on peut voir facilement jusqu'où l'irrigation se prolonge. La griffe devra être coupée à environ 3 mm de l'extrémité vascularisée, à l'aide d'une pince spéciale.

Les dents

Les dents du lapin doivent également faire l'objet d'un contrôle régulier. Contrairement à celles de l'être humain, elles ne cessent de pousser. Elles conservent une longueur normale en s'usant lorsque l'animal mange. Il arrive cependant que les incisives aient tellement poussé qu'elles gênent le lapin pour manger. C'est pourquoi vous devrez vérifier régulièrement leur longueur (voir dessin ci-dessous).

Il faut veiller à ce que les incisives de la mâchoire supérieure soient plus courtes que celles de la mâchoire inférieure. Normalement, la longueur des incisives de la mâchoire supérieure devrait représenter un tiers de la longueur totale et celles de la mâchoire inférieure deux tiers, de sorte qu'elles se touchent lorsque la mâchoire est fermée. Lorsque les incisives sont trop longues, il faut amener le lapin chez le vétérinaire afin qu'il les lui raccourcisse. Il faut aussi inspecter régulièrement les molaires, car celles-ci présentent souvent des arêtes coupantes dues à une usure irrégulière, qui peuvent être gênantes pour s'alimenter. L'inspection des molaires nécessite un instrument spécial et doit donc être effectuée par un vétérinaire.

Lorsque les dents sont bien placées, elles frottent l'une sur l'autre et s'usent mutuellement.

Les vaccinations

Deux maladies infectieuses menacent principalement le lapin nain : le VHD (Viral Haemoragic Disease) et la myxomatose. Le VHD est une hépatite virale, qui s'est déclarée en Chine en 1984, avant de se propager en Europe en 1986.

Vous pouvez faire régulièrement couper les griffes de votre lapin par le vétérinaire.

Conseil

Pour vous rendre chez le vétérinaire, utilisez une boîte de transport solide, garnie de tissu ou de cellulose. Ne sortez jamais le lapin nain dans la salle d'attente, ce qui lui occasionnerait beaucoup de stress.

Le VHD se traduit par des difficultés respiratoires, une apathie, une diarrhée, puis une hémorragie foudroyante. Il est impossible de sauver un lapin atteint de cette maladie, aussi faut-il le vacciner. Il faut renouveler la vaccination chaque année, sinon l'immunité disparaît.

La myxomatose est une maladie infectieuse et contagieuse. Elle est transmise par les insectes suceurs de sang, c'est pourquoi elle menace surtout les lapins que l'on élève dans le jardin ou sur le balcon.

La maladie commence généralement par un gonflement et une inflammation purulente des yeux et des parties génitales. Peu de temps après, le gonflement des yeux s'étend, de sorte que la tête entière enfle. Il n'existe toujours pas de traitement efficace contre la myxomatose. Les lapins qui sont partiellement ou en permanence à l'extérieur doivent donc impérativement être vaccinés. Il faut procéder à une nouvelle vaccination tous les six mois.

Le contrôle du poids

De nombreuses maladies se caractérisent au début par une perte d'appétit. Souvent, il n'y a pas d'autres symptômes extérieurs ; c'est notamment le cas pour les affections des dents, mais aussi pour de nombreuses autres maladies. Comme il est très difficile, pour le maître, de remarquer de telles modifications à temps, il est recommandé de peser régulièrement le lapin.
Une fois la croissance achevée, les lapins ont un poids relativement stable, qui peut augmenter légèrement avec une bonne alimentation. En revanche, une légère baisse de poids peut souvent être le premier symptôme d'une maladie. Dans ce cas, vous devrez faire examiner votre lapin par un vétérinaire. Il est conseillé de peser l'animal une fois par semaine et de noter son poids dans un carnet ou sur un diagramme afin de faciliter le suivi sur une longue période.

Quand aller chez le vétérinaire ?

On ne peut donner de réponse générale à cette question fondamentale. Dans tous les cas, mieux vaut y aller beaucoup trop tôt qu'un peu trop tard. Si vous constatez chez votre lapin des modifications concernant les points indiqués dans le tableau ci-dessus, il est recommandé de le faire examiner par un vétérinaire. Faites de même si vous constatez une blessure ou une plaie. Si le lapin boite et n'utilise pas sa patte correctement, il doit certainement souffrir. C'est aussi une raison de consulter le vétérinaire.
Nous insistons sur le fait qu'il ne suffit pas d'emmener le lapin chez le vétérinaire lorsqu'il est malade, mais qu'il faut l'y conduire régulièrement pour qu'il soit vacciné et examiné. Vous pourrez ainsi parler des problèmes éventuels et parer à de nombreuses maladies.

Les signes d'une maladie éventuelle

Plus tôt on identifie une maladie, meilleures sont les chances de guérison. C'est pourquoi il est très important de toujours bien observer son lapin, afin de remarquer assez tôt un changement de comportement ou des modifications physiques. Vous devez notamment veiller aux points suivants :

Symptômes de maladies

- Manque d'appétit, perte de poids, apathie, diminution des réactions, fourrure terne.
- Plaies, traces de sang, enflures.
- Forte démangeaison, importante chute des poils, croûtes.
- Rhume, toux, difficultés respiratoires.
- Dents trop longues, bave.
- Ventre ballonné, diarrhée, pas d'excréments.
- Pas d'urine, sang dans les urines.
- Paralysies, griffes trop longues.
- Écoulement oculaire, secousses singulières de la tête.

Important

De bons soins et une bonne alimentation sont les garants d'une bonne santé. Si le lapin est malade, faites-vous conseiller, car de nombreuses maladies sont dues à des erreurs de soin ou d'alimentation (air trop sec, courants d'air, changement brusque d'alimentation, etc.).

Un changement de comportement

Soyez attentif au fait que votre lapin montre brusquement moins d'intérêt pour son environnement. Si vous constatez qu'il reste souvent apathique dans un coin, qu'il ne joue plus comme avant, qu'il se terre longtemps dans sa cabane ou grince des dents (signe de douleur), il peut s'agir des premiers signes d'une maladie. On constate alors souvent que le lapin fait à peine sa toilette.

Un changement de comportement alimentaire

Souvent, au début, vous constatez que le lapin ne se dirige plus avec curiosité vers son écuelle lorsque vous lui donnez à manger. Il arrive aussi fréquemment qu'il ne mange plus qu'un type de nourriture et qu'il ne touche plus à des aliments qu'il aimait auparavant. On peut observer occasionnellement qu'il veut manger, qu'il prend la nourriture dans sa gueule, mais que des morceaux finissent toujours par en tomber.
Au fur et à mesure de la progression de certaines maladies, il peut même arriver que le lapin n'absorbe plus du tout de nourriture. Si vous constatez un changement de comportement alimentaire chez votre lapin, il est important d'en déterminer les causes et, le cas échéant, d'aller consulter un vétérinaire.

Un écoulement oculaire et nasal

Chez le lapin, de nombreuses maladies provoquent un écoulement oculaire et nasal. Si vous constatez chez le vôtre la présence de pus près des yeux, un larmoiement accru, une rougeur importante, des conjonctivites, un plissement ou un clignement fréquent des yeux, il s'agit d'un symptôme d'affection oculaire. Un écoulement nasal purulent, une toux et un reniflement fréquent ou de petites bulles ou croûtes dans la région des orifices nasaux sont les symptômes d'une maladie des voies respiratoires.

La zone auriculaire

La gale des oreilles provoque souvent des croûtes à l'intérieur de l'oreille. Une orientation différente des deux oreilles peut être le signe d'une inflammation.

Des troubles de l'excrétion

Les lapins nains réagissent avec beaucoup de sensibilité aux erreurs d'alimentation ou aux brusques changements de régime, qui causent des troubles digestifs (mais c'est aussi le cas du stress). En cas de diarrhée légère, mettez le lapin à la diète (voir encadré ci-contre). En cas de constipation, vérifiez la quantité d'eau disponible, supprimez les aliments préparés et donnez éventuellement 1 cuillerée d'huile de lin. Si au bout d'une journée, il n'y a pas d'amélioration, rendez-vous chez le vétérinaire. L'urine d'un lapin peut également donner des indications sur certaines affections. Si un lapin urine subitement beaucoup plus que d'habitude, il peut s'agir d'une inflammation de la vessie. Les changements de couleur de l'urine peuvent parfois être symptomatiques de certaines maladies. Lorsque, brusquement, un lapin n'urine plus ou seulement quelques gouttes il peut s'agir d'un calcul de la vessie ou de l'urètre. Dans ce cas, il faut rapidement conduire l'animal chez un vétérinaire.

Conseil

En cas de diarrhée légère, une diète est souvent utile : ne donnez que du foin, un peu d'aliments secs et de l'eau. Si d'autres symptômes apparaissent ou si la diarrhée excède un à deux jours, consultez !

Des modifications du poids

Une fois qu'un lapin a atteint sa taille adulte, son poids ne varie généralement plus beaucoup. Naturellement, une bonne alimentation conduit à une prise de poids supplémentaire. Il faut surtout veiller à ce que le poids du lapin soit stable. Une perte de poids constante est souvent un signe de maladie ; il s'agit en général d'une affection des dents, mais de nombreuses autres affections peuvent en être la cause. Pour repérer les baisses de poids suffisamment tôt, il est recommandé de peser son lapin une fois par semaine et d'inscrire son poids dans un carnet, afin de pouvoir suivre son évolution (voir page 45).
Bien sûr, tous les points énumérés ci-dessus ne sont que des exemples d'indications pouvant signaler une maladie. Ils ne constituent qu'une aide pour le maître inquiet du changement de comportement de son lapin.

Une pesée régulière est une mesure de santé préventive.

Un lapin qui ne veut pas manger devra être examiné aussi vite que possible.

L'alimentation d'un lapin malade

Chez le lapin, de nombreuses maladies se traduisent par un refus de s'alimenter. C'est notamment le cas des affections buccales et du tube digestif. Pour que l'animal se rétablisse rapidement, il est vital qu'il continue à s'alimenter lorsqu'il est malade.

Comme beaucoup d'animaux malades ne veulent plus s'alimenter ou bien ne peuvent manger seuls, il faut les nourrir pendant cette période (c'est l'alimentation forcée).

Pour le lapin, l'absorption d'une quantité suffisante de liquide est vitale. Les bouillies pour bébé, que l'on trouve dans le commerce, sont particulièrement appropriées. Il est conseillé d'en donner de 4 à 8 ml plusieurs fois par jour à l'animal, à l'aide d'une seringue (sans aiguille).

Les aliments liquides peuvent être administrés, à l'aide d'une seringue (sans aiguille), derrière les incisives.

Important

Ce que l'on appelle le tympanisme est une urgence absolue (ventre ballonné, respiration rapide et faible) : consultez immédiatement !

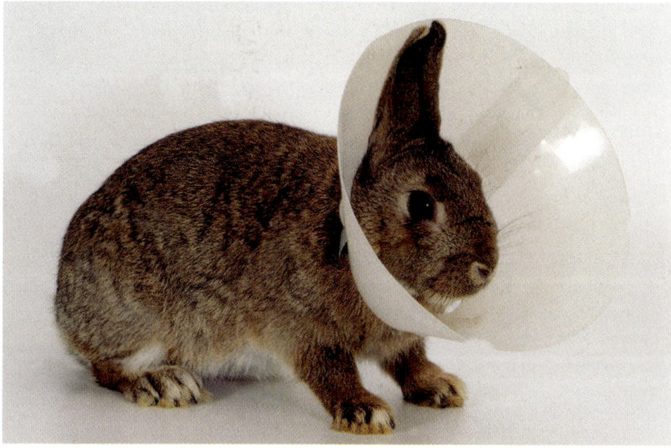

La collerette empêche le lapin nain de lécher sa blessure après une opération.

Vous pouvez aussi amollir les granulés du commerce avec de l'eau pour en faire une bouillie et, lui en donner, toujours à l'aide d'une seringue. Pour certaines maladies, notamment celles déclenchées par des bactéries, le lapin doit être soigné par des antibiotiques, ce qui provoque souvent des troubles du tube digestif et donc des problèmes de diarrhée. En cas de prise d'antibiotiques et/ou de diarrhée, il est recommandé de donner du yaourt maigre au lapin. Il contient des substances protégeant la région gastro-intestinale et permet une guérison plus rapide.

Soins du malade

- Veillez à l'hygiène, nettoyez plus souvent cage et accessoires. Si possible, placez les animaux malades à part.
- Contrôlez les conditions de soins et d'alimentation et améliorez-les le cas échéant, accordez beaucoup d'attention, évitez le stress.
- Ne donnez jamais de médicaments de votre propre chef (la pénicilline est par exemple toxique pour les lapins), suivez les indications du vétérinaire.
- Après accord, poursuivez le traitement par de la lumière infrarouge (à distance !), des fleurs de Bach (disponibles en magasins de produits naturels), des plantes médicinales ou des préparations vitaminées.

Important

Premiers secours en cas de coup de chaleur

Le lapin est très sensible au rayonnement direct du soleil ou à la stagnation de la chaleur. En cas de coup de chaleur, mettez-le dans une pièce calme et froide, couvrez-le de linges humides, offrez-lui de l'eau dès qu'il va mieux et laissez-le à l'ombre.

Comprendre le lapin nain

Votre lapin nain ne se contente pas uniquement de soins et de nourriture. Vous en occuper affectueusement vous procurera certainement beaucoup de joie.

Un environnement étranger inquiète toujours le lapin. Un climat de confiance est essentiel pour une vie en commun harmonieuse.

Les relations au quotidien

Comment gagner la confiance de son lapin ?

Quand le lapin est correctement soigné, une relation intense s'établit rapidement entre l'animal et le maître. Pour ce faire, il est important de considérer son lapin comme un être autonome et ne jamais le contraindre à faire ce qu'il n'aime pas ou ce dont il a peur. Si l'on tient compte de cela, un rapport de confiance s'instaurera rapidement entre le lapin et le maître.

Au début, le lapin doit surtout comprendre qu'il n'a pas à avoir peur de son nouveau maître. C'est

En observant un lapin nain comme celui-ci, très peu de gens pensent qu'il a encore de nombreux comportements du lapin sauvage.

pourquoi il faut éviter tout ce qui pourrait l'effrayer. Recevoir des friandises de la main de son maître est certainement l'une des premières étapes permettant au lapin d'apprendre qu'il n'a rien à craindre de lui. En outre, les lapins peuvent reconnaître une personne à sa voix. Il faut donc leur parler régulièrement.
Les lapins ayant une nature curieuse, vous pouvez en tirer parti en les habituant lentement à de nouvelles situations. Bientôt, leur curiosité l'emportera et ils tenteront d'explorer de nouveaux objets ou de nouveaux environnements.

Que veut me dire mon lapin ?

L'homme et le lapin peuvent se comprendre à condition de passer du temps ensemble. C'est la raison pour laquelle il est important de bien s'occuper de son lapin, car plus le contact entre vous et votre lapin est intense, plus vous serez en mesure de comprendre de quelle humeur il est et ce qu'il veut vous dire.

Conseil

Les étapes les plus importantes de l'apprivoisement

- parlez calmement ;
- tendez la main pour faire sentir votre odeur ;
- tendez des friandises avec votre main ;
- grattez la tête et l'arrière des oreilles puis caressez le dos.

« En faisant le beau, on voit davantage de choses. »

Les besoins fondamentaux

Si un lapin commence à pousser nerveusement sa mangeoire dans tous les sens, cela indique qu'il a faim. En revanche, s'il étend les quatre pattes, c'est qu'il veut se reposer. Il est alors important de l'accepter et de ne pas le déranger durant son repos. Les lapins peuvent aussi donner de petits coups de tête pour dire à leur maître ou à un congénère qu'ils veulent qu'on les laisse tranquilles un moment.

La curiosité

Un lapin montre de la curiosité et de l'intérêt pour une chose lorsqu'il se dresse sur ses pattes arrière pour mieux voir. Lorsque votre lapin a un tel comportement, donnez-lui la possibilité de satisfaire sa curiosité en lui présentant l'objet qui l'intéresse et laissez-le l'étudier.

La peur

Votre lapin peut également vous montrer qu'il a peur, notamment lorsqu'il s'aplatit sur le sol, pour paraître aussi petit que possible. Dans ce cas, essayez de l'apaiser et de le caresser doucement.

La fuite et l'attaque

En cas de danger, les lapins avertissent leurs congénères en tapant plusieurs fois brièvement sur le sol de leurs pattes arrière. À ce signal, les lapins sauvages disparaissent à la

Si un lapin arpente rapidement une pièce ou sa cage en faisant des crochets, c'est un signe de joie et d'exubérance.

Des oreilles dressées et une expression éveillée sont des signes d'attention et de vigilance.

vitesse de l'éclair dans leur terrier. Mais si la situation est désespérée, le lapin attaque en sautant rapidement vers l'avant et en essayant de repousser ses ennemis par des coups de tête.

Le langage du lapin

Les lapins sont par nature paisibles. Vous déterminerez leur humeur à leur comportement et à leurs mimiques plutôt qu'aux bruits qu'ils font.

Lorsque les lapins souffrent, ils peuvent le montrer de plusieurs façons ; ils peuvent pousser de brefs cris clairs (plaintes) ou rester calmes dans un coin et grincer des dents.

En revanche, les jeunes animaux qui ont faim ou froid poussent plutôt un léger couinement. Les lapins expriment leur mécontentement par de petits cris de protestation courts à l'encontre de ce qui ne leur plaît pas.

Conseil

Le lapin nain apprécie les caresses derrière et entre les oreilles. Caressez-le dans le sens du poil car le caresser à rebrousse-poil n'est pas, au sens propre comme au sens figuré, très apprécié.

Conseil

Comme leurs ancêtres, les lapins nains sont des animaux qui prennent la fuite.
Des mouvements brusques et fébriles au-dessus d'eux les effraient beaucoup ; c'est pourquoi il faut toujours parler à son lapin avant de l'attraper.

Ce type de cris est fréquent lorsqu'on prend le lapin sur le bras contre sa volonté ou qu'on le dérange pendant qu'il mange. Dans un tel cas, vous devrez accepter l'humeur de l'animal et le laisser tranquille jusqu'à ce qu'il signale par son comportement qu'il a de nouveau besoin de contacts ou de caresses.
Lorsque le lapin est très perturbé ou se sent menacé, il peut aussi émettre des grognements ou des soufflements. Ces bruits sont souvent le dernier avertissement précédant une attaque. Le lapin pousse en même temps des chuintements menaçants.
Dans les situations extrêmes, quand le lapin éprouve une grande frayeur, il pousse un cri très aigu. Cela se produit, par exemple, lorsqu'il est attaqué par un chien.

Les facultés sensorielles

Pour pouvoir bien comprendre son lapin, il est très important de savoir comment sont constitués ses organes sensoriels.

L'ouïe

Les lapins possèdent une ouïe excellente, notamment grâce à leurs pavillons d'oreilles en forme d'entonnoir. Ils peuvent même orienter leurs oreilles indépendamment l'une de l'autre et ont ainsi un champ auditif de 360°. Seuls les lapins béliers, dont les oreilles retombent, ont une ouïe légèrement moins bonne.
La bonne ouïe des lapins leur permet aussi de différencier des voix et des bruits. Ainsi, le vôtre vous reconnaîtra très rapidement à la voix. Mais sachez aussi que les bruits forts peuvent lui faire très peur. C'est pourquoi il faut à tout prix éviter la musique assourdissante ou les portes qui claquent (voir encadré, page 25).

Lécher la main signifie « Je t'aime bien ! ».

Lorsqu'ils dorment, les lapins nains ne doivent pas être dérangés.

La vue

Ses gros yeux, situés sur le côté de la tête, offrent au lapin un champ de vision relativement large. Dans la nature, cela lui permet d'identifier à temps ses ennemis et de fuir. Si les lapins ne voient pas très bien à courte distance, ils ont une meilleure vision de loin. Les lapins voient très bien dans l'obscurité, c'est pourquoi ils craignent le soleil excessif, car ils ne

Lorsque vous êtes attentif à votre lapin, vous comprenez vite ce qu'il a à vous dire.

peuvent rétrécir leurs pupilles comme d'autres mammifères. Tenez-en compte pour l'emplacement de la cage.

L'odorat

Le nez du lapin renferme 100 millions de cellules olfactives. C'est grâce à cela et à leurs narines mobiles que les lapins ont un très bon odorat. Il leur permet de distinguer leurs congénères à leur odeur ou à partir de leur marquage. L'odorat développé est indispensable pour repérer le marquage du territoire. Les lapins possèdent en effet des glandes spécifiques produisant des substances odorantes avec lesquelles ils marquent leur territoire. Ils peuvent, par exemple, marquer un meuble par des sécrétions émises par leurs glandes sous-mentonnières. Comme son odorat est très développé, le lapin nain réagit avec une extrême sensibilité aux détergents âcres, au parfum fort, à la fumée de cigarette, etc. (voir encadré, page 25).

Dans un premier temps, tout est d'abord exploré avec le nez.

Chez le lapin bélier, les oreilles servent non seulement à entendre, mais aussi à réguler la température, en libérant l'excès de chaleur.

Le toucher

Les lapins sont pourvus de moustaches à proximité de la bouche et du nez qui les aident à s'orienter dans le noir. Comme elles sont à peu près aussi longues que le corps du lapin est large, elles lui permettent de savoir s'il entre dans un terrier ou non. Il ne faut en aucun cas les couper. Enfin, leur peau permet aussi aux lapins d'avoir des sensations tactiles : ils se couchent volontiers les uns contre les autres et apprécient le contact physique.

Le goût

Les lapins sont en mesure de distinguer sans peine le sucré, l'acide, l'amer et le salé. Mais, contrairement à d'autres animaux, ils apprécient le goût amer de certains aliments, c'est pourquoi ils mangent volontiers du pissenlit.

Les jeux

Les lapins nains font généralement des bêtises comme ronger un câble par exemple, parce qu'ils s'ennuient ! Outre une cage bien équipée (voir page 24), votre lapin a donc régulièrement besoin d'une promenade et d'occupations. Dans sa pièce, installez-lui un terrain d'aventure avec des cartons stables, une cabane, des branchages, de gros tuyaux en carton, en argile, etc. ; dans son enclos, placez un tronc creux, des branchages, des tuyaux, une caisse de sable. Offrez-lui de la diversité. N'utilisez ni bords coupants, ni matériaux dangereux (couleurs toxiques, petits morceaux de plastique, gomme, etc.).

Chaque animal a ses préférences et il peut être amusant de les découvrir. Selon son comportement pendant la promenade, votre lapin vous montre comment il aime s'occuper, par exemple s'il se cache beaucoup (sans prendre la fuite), s'il saute sur des endroits élevés, s'il veut creuser partout ou s'il promène des objets. Il est possible de répondre à ces goûts particuliers, mais vous devez veiller à ce que votre lapin n'absorbe rien qui lui soit nuisible et qu'il ne mange pas de papier s'il joue avec.

Un terrain de jeux permettra à vos lapins nains de s'occuper pendant des heures : sauter, redescendre, traverser, ronger...

Les activités favorites

Se cacher

Offrez-lui une tanière, par exemple des cartons avec des passages, une cabane.

Creuser

Construisez un tunnel en carton solide ou en bois, il suffit que celui-ci ait un sol couvert de vieille moquette ou d'herbe, des parois hautes et éventuellement une extrémité fermée. Beaucoup de lapins aiment creuser dans un passage de ce type. Vous pouvez aussi remplir une caisse ou une corbeille de petits morceaux de papier, de papier cuisine, de paille, etc. : le lapin prend plaisir à y fouir et, quand il a terminé, à s'installer dans le nid qu'il a creusé lui-même.

« Creuser est l'une de mes activités favorites, je pourrais y passer des heures. Mais je sortirai peut-être si tu me tends un morceau de carotte ! »

Construire

Certains lapins adorent traîner des objets (comme des coussins). Vous pouvez notamment leur donner une vieille serviette pour s'amuser.

Ronger

Les rameaux que votre lapin peut ronger (voir pages 39-41) ne devraient pas être absents de la promenade. Un lapin qui aime déchiqueter peut réduire en pièces un vieux carnet d'adresses, mais veillez à ce qu'il ne mange pas le papier.

Grimper, aller en hauteur

Empilez des cartons stables, des briques, construisez éventuellement des rampes. Beaucoup de lapins aiment les arbres pour chats.

Lancer

Des nains aux géants, la plupart des lapins aiment lancer des rameaux, des cubes en bois, etc. Exceptionnellement, ils jouent même à la balle (faites attention à ce que des morceaux ne soient pas avalés !).

Courir et sauter

Un sol nu ne plaît pas au lapin, même s'il aime courir (voir pages 27-28). Pour qu'il saute, vous pouvez réaliser des obstacles à l'aide de cubes en bois ou de briques, ou bien de petites haies dont vous appuierez au début un côté sur le mur. Attirez votre lapin à l'aide d'une friandise et félicitez-le lorsqu'il saute. La hauteur ne devrait pas excéder la taille des lapins, même s'ils peuvent sauter beaucoup plus haut.

Que peuvent apprendre les lapins ?

Les lapins réagissent à votre voix et peuvent par exemple apprendre à venir, à rentrer dans leur cage ou à faire le beau sur commande (il s'agit là d'un comportement naturel, pour atteindre de la nourriture ou se mettre aux aguets). Vous devez toujours procéder progressivement et avec patience et ne pas oublier de féliciter le lapin et éventuellement de le récompenser d'une friandise.

Quels que soient les jeux préférés de votre lapin, pensez d'abord à gagner sa confiance et à l'observer – c'est lui qui vous dira le mieux ce qui lui plaît ! Si vous veillez à ce que rien ne lui arrive au cours de sa promenade et de ses jeux, vous éprouverez beaucoup de joie à vivre avec ce petit compagnon plein d'entrain.

« Viens, joue avec moi ! »

Bibliographie

- Collectif, *Mon lapin nain*, De Vecchi, 2004.
- Jean-Claude Périquet, *Le lapin nain. Bien le connaître pour mieux l'aimer et le soigner*, Éditions Rustica, 1997.
- Monica Wegler, *Le lapin nain*, coll. Animaux de compagnie, Marabout, 2007.

Adresses utiles

Vous obtiendrez davantage d'informations auprès des organismes suivants :

UNESLN (Union nationale des éleveurs et sélectionneurs de lapins nains)
73, rue de Didenheim – 68200 Mulhouse

Site de la Société protectrice des animaux (SPA) : une mine d'informations pratiques sur les animaux de compagnie, avec des actualités et des conseils.
http://www.spa.asso.fr

Site de l'Association pour la défense et la protection des animaux (ACSN : Association à chacun sa niche) : des conseils sur le choix, l'élevage et les moyens de garde pour vos animaux durant les vacances.
http://www.wanimo.com

Lapins et rongeurs de compagnie : conseils, photos, annonces, expositions.
http://www.rongeurs.net

Le site de Canaille est consacré au lapin nain et au lapin bélier : leur anatomie, leur reproduction, leur alimentation, etc.
http://www.canaille.org

Index

Crédits photographiques

Toutes les photos sont de Christine Steiner.
Les dessins sont de Manfred Lindmer.

La photographe et l'éditeur remercient Sabine Fehling, de Dillenburg-Donsbach, Tina Pauli, d'Herbstein, ainsi que Martina San Juan, de Wölfersheim, d'avoir gracieusement autorisé que leurs lapins servent de « modèles ».